La scuola del saper fare

Python e Pulcinella

Attraverso la costruzione di un semplice traduttore di parole insegniamo ai ragazzi la programmazione pura, la capacità di risolvere problemi e la cooperazione tra le varie discipline

Mauro D'Andrea

La scuola del saper fare
Python e Pulcinella
Prima edizione Luglio 2017

Copertina di Mauro D'Andrea
www.obiettivoinformatica.it

Introduzione

Perché Phyton e Pulcinella?

Partiamo da Python.

Python è un linguaggio di programmazione, uno dei tanti esistenti. I computer sono delle scatole vuote, dalla potenza straordinaria, ma senza i programmi non servono a nulla. Con Python è possibile scrivere dei programmi. Il software che ci dà informazioni sul traffico, non viene fuori dal nulla, ma dal lavoro di un programmatore che, attraverso un linguaggio di programmazione, spiega al computer quali compiti deve svolgere, quali azioni deve svolgere, per darci quelle informazioni.

Ci sono molti linguaggi di programmazione, più o meno complessi, che posso essere utilizzati per compiti specifici o su tematiche generali. Ci sono linguaggi che funzionano come dei puzzle (tipo App Inventor, Scratch) che consentono, in modo semplice, di sviluppare programmi incastrando tasselli di codice. Il loro funzionamento è semplice, intuitivo. Questi linguaggi di programmazione "visuali" si stanno diffondendo tanto nella scuola italiana, all'insegna del pensiero computazionale, del coding e dell'informatica vista come strumento per risolvere i problemi della vita.

Quest'approccio, secondo me, troppo visuale, snatura il concetto stesso di programmazione e di problem solving, e non fa capire ai ragazzi le potenzialità della programmazione fatta di regole e risposte ben precise. Un corso di programmazione puro può aiutare i ragazzi a capire come pensiamo, come organizziamo il nostro sapere, come impariamo cose nuove, come condividiamo quello che sappiamo.

Prima di quello visuale, ottimo dal punta di vista didattico e formativo, io proporrei un piccolo percorso su un linguaggio di programmazione puro.

Perché Python?

Perché è uno dei più semplici e potenti.

Python è quello che più sa dare soddisfazioni immediate a chi lo studia. È un linguaggio open source e possiamo scaricarlo gratuitamente da internet. Ci sono migliaia di libri e siti che parlano di Python.

In questo piccolo libro, nato per le scuole, proporrò un percorso di studio base per il linguaggio di programmazione Python. Non ci saranno nozioni difficili e tutto sarà spiegato con semplicità e ironia fino ad arrivare alla costruzione di un piccolo software che immagazzinerà alcune parole e le relative traduzioni in qualsiasi lingua. Un software minimale ma funzionante.

La scuola del saper fare!

Questo percorso potrebbe essere condiviso con gli insegnanti di lingue per la scelta di parole e frasi.

L'obiettivo non è la realizzazione del software di traduzione. Ma quello di insegnare ai ragazzi cosa significa programmare, stabilire regole, attendere delle risposte, verificare degli errori, fare delle scelte. Quello che di solito facciamo nella vita. La programmazione pura può aiutarti in tutto questo. Con quella visuale ti perdi qualche pezzo.

L'ideale sarebbe quello di fare un percorso puro e poi visuale.

Per questo percorso non ci vogliono macchine potenti, internet o altro. Solo buona volontà.

No, non è un libro per imparare a diventare programmatori. È un libro scritto per incominciare a capire la programamzione ed ad utilizzarla nella vita di tutti i giorni. Non troverete termini tecnici, passaggi difficili e spiegazioni approfondite.

Ma realizzare un piccolo software è qualcosa di straordinario.

Perché Pulcinella?

Perché sono napoletano e da 30 anni insegno informatica con ironia.

Mauro D'andrea è un insegnante di matematica ed informatica del CPIA Alba-Bra-Mondovì (Cn), una scuola statale che si occupa di formazione per adulti. Per 10 anni si è occupato di Linux e software libero. Ha realizzato diversi laboratori con tecnologia LTSP e server scolastici Open Source. Si è occupato di sicurezza scolastica e della navigazione internet con soluzioni firewall realizzate con software libero. Ha insegnato in circa 250 corsi informatica di base ed avanzata, ha sviluppato diversi software per scuole e privati.

www.obiettivoinformatica.it

Sommario

Python: si parte!

Python è un linguaggio di programmazione dalla sintassi semplice e potente che ne facilita lo studio e lo sviluppo di software. Gli ambiti di applicazione di questo linguaggio di programmazione sono molteplici: sviluppo di siti, realizzazione di interfacce grafiche, amministrazione di sistema, calcolo scientifico e numerico, database, giochi, grafica 3D e molto altro.

 Fu ideato da Guido van Rossum all'inizio degli anni novanta.

Vi ho detto già troppo. Andiamo avanti.

Un programma è una sequenza di istruzioni scritte in un linguaggio di programmazione. Si parte da un problema e si arriva al programma.

I passaggi che ci pemettono di arrivare al software sono:

1. si parte da un problema, da una situazione con elementi noti
2. si elabora un algoritmo, cioè un metodo per risolvere un problema
3. si scrive il programma che realizza l'algoritmo.

Non siamo così lontani da quello che accade con la vita reale! Vivere significa anche risolvere problemi.

Dove lo troviamo Python? Che cosa ci serve?

Possiamo scaricare Python direttamente dal sito originale http://www.python.org oppure dal sito ufficale della comunità italiana

http://www.python.it/download/

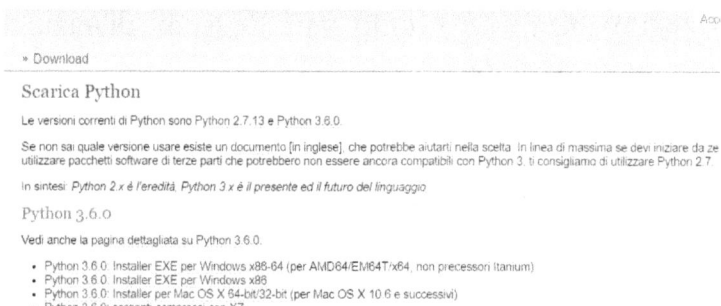

Acc

» Download

Scarica Python

Le versioni correnti di Python sono Python 2.7.13 e Python 3.6.0.

Se non sai quale versione usare esiste un documento [in inglese], che potrebbe aiutarti nella scelta. In linea di massima se devi iniziare da ze utilizzare pacchetti software di terze parti che potrebbero non essere ancora compatibili con Python 3, ti consigliamo di utilizzare Python 2.7.

In sintesi: Python 2.x è l'eredità, Python 3.x è il presente ed il futuro del linguaggio

Python 3.6.0

Vedi anche la pagina dettagliata su Python 3.6.0.

- Python 3.6.0: Installer EXE per Windows x86-64 (per AMD64/EM64T/x64, non precessori Itanium)
- Python 3.6.0: Installer EXE per Windows x86
- Python 3.6.0: Installer per Mac OS X 64-bit/32-bit (per Mac OS X 10.6 e successivi)
- Python 3.6.0: sorgenti compressi con XZ

Esistono varie versioni, nel momento in cui scrivo, la versone che utilizzeremo per questo libro è la 3.6.0.

Scegliete la versione giusta per il vostro sistema operativo.

Il file ha una dimensione di circa 30 Mb e dopo che l'avete lanciato avrete una schermata del genere

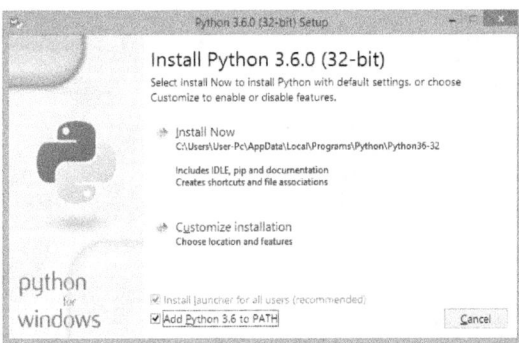

lasciate la spunta sul quadratino che vi consente di farlo
utilizzare da tutti gli utenti della vostra macchina e mettete
la spunta su "Add Python 3.6 to PATH" per permettere a
Python di essere riconosciuto da tutto il sistema e andate
avanti

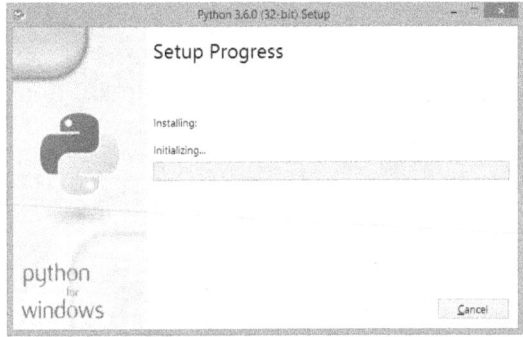

dopo pochi minuti ecco finita l'installazione

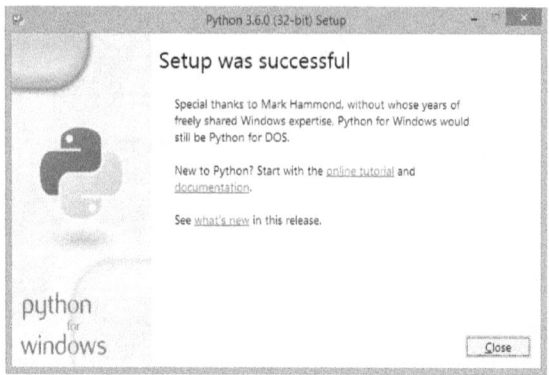

Difficile vero installare un linguaggio di programmazione?

Dove lo trovate? Vi rispondo subito!

Nel menu del vostro sistema troverete le seguenti voci

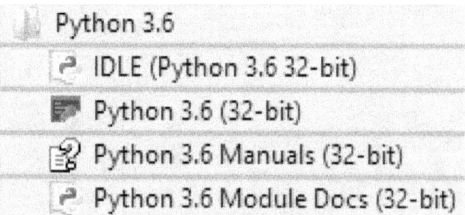

Cliccate sulla prima "IDLE (Python 3.6 32-bit) ed ecco apparire il vostro ambiente di programmazione

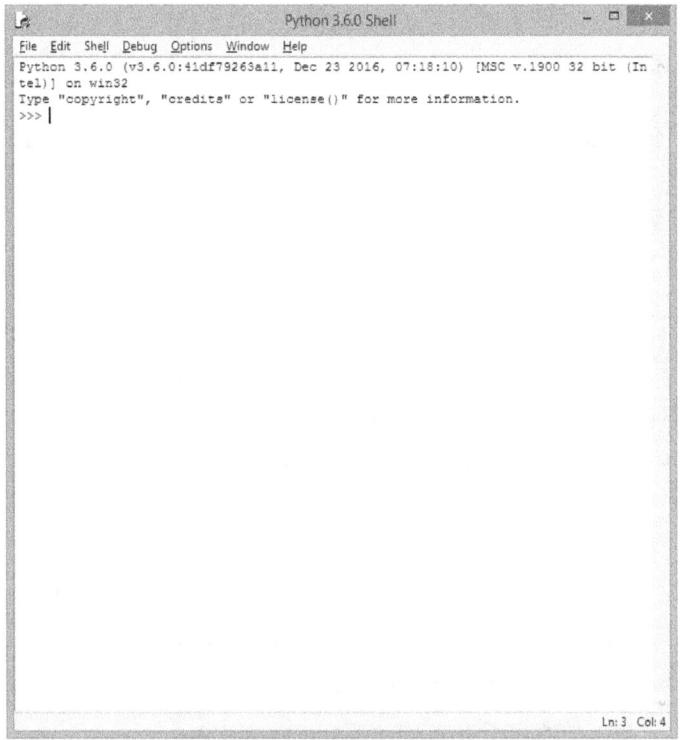

Quello che vedete è l'IDLE di Python, l'interprete che capirà le istruzioni che voi scriverete nel suo linguaggio.

È un ambiente che capirà solo le istruzioni scritte nel linguaggio di programmazione Python.

Dopo i tre segni >>> possiamo scrivere le istruzioni. Provate a scrivere Pulcinella!

Ecco la sua risposta

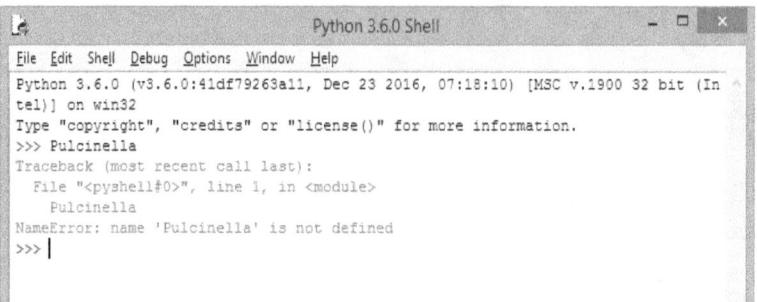

```
                        Python 3.6.0 Shell                      -  □  ×
File  Edit  Shell  Debug  Options  Window  Help
Python 3.6.0 (v3.6.0:41df79263a11, Dec 23 2016, 07:18:10) [MSC v.1900 32 bit (In
tel)] on win32
Type "copyright", "credits" or "license()" for more information.
>>> Pulcinella
Traceback (most recent call last):
  File "<pyshell#0>", line 1, in <module>
    Pulcinella
NameError: name 'Pulcinella' is not defined
>>> |
```

vi avverte che Pulcinella è un nome non definito, non appartiene al linguaggio Python. Non lo sapevate?

Quindi la prima cosa che mi viene in mente di dire è che noi non possiamo scrivere cose a caso, non possiamo dire quello che vogliamo. Che peccato anche in Python è così!

L'istruzione print

Prima di iniziare vi ricordo il nostro percorso:

studiare a livello base tutto quello che ci serve per creare il nostro software traduttore! Incominciate a studiare i vocaboli con l'insegnante di lingue!

Parliamo adesso dell'istruzione ***print*** che dice a Python di scrivere sullo schermo quello che vogliamo.

Per esempio digitiamo

>>> print("Ciao Pulcinella")

```
File  Edit  Shell  Debug  Options  Window  Help
Python 3.5.0 (v3.5.0:374f501f4567, Sep 13 2015, 02:27:37) [MSC v.1900 64 bit (AM
D64)] on win32
Type "copyright", "credits" or "license()" for more information.
>>> print("Ciao Pulcinella")
Ciao Pulcinella
>>> |
```

battiamo invio e l'interpetre ci risponde con un bel

Ciao Pulcinella

Quindi: l'istruzione *print* (scritta in minuscolo) stampa a schermo quello che vogliamo. Ma attenzione, bisogna conoscere la sintassi, in che modo scriverlo.

Il testo che vogliamo che Python scriva deve essere racchiuso all'interno di parentesi tonde ed essere contenuto da virgolette.

Il nostro interpetre riesce anche a funzionare come una calcolatrice, riesce a fare tutti i calcoli che vogliamo.

Vi ricordo che le quattro operazioni fondamentlai si fanno con i seguenti segni:

addizione segno +

sottrazione segno −

moltiplicazione *

divisione /

 provate a digitare

4+3

15-6

20*3

100/5

(((20+4)*2)-(8-4))/2

```
Python 3.6.0 (v3.6.0:41df79263a11, Dec 23 2016, 07:18:10) [MSC v.1900 32 bit (In
tel)] on win32
Type "copyright", "credits" or "license()" for more information.
>>> 4+3
7
>>> 15-6
9
>>> 20*3
60
>>> 100/5
20.0
>>> (((20+4)*2)-(8-4))/2
22.0
```

Usiamo ancora l'istruzione *print*, ma stavolta per far scrivere all'interprete sia parole che numeri

>>>*print("scelgo il numero 7")*

ci restituisce la scritta sullo schermo

scelgo il numero 7

se scrivessimo

>>> *print("scelgo il numero 4+3")*

Python, in questo caso, scriverà sullo schermo la stringa

scelgo il numero 4+3

Se 4+3 lo mettiamo tra le virgolette viene interpretato dall'interpetre come se fosse una stringa e quindi verrà scritto sullo schermo così com'è. Se vogliamo che esegua un'operazione bisogna allora scrivere in questo modo:

>>> *print("scelgo il numero", 4+3)*

```
Python 3.6.0 (v3.6.0:41df79263a11, Dec 23 2016, 07:18:10) [MSC v.1900 32 bit (In
tel)] on win32
Type "copyright", "credits" or "license()" for more information.
>>> print("scelgo il numero il numero 7")
scelgo il numero il numero 7
```

```
Python 3.6.0 (v3.6.0:41df79263a11, Dec 23 2016, 07:18:10) [MSC v.1900 32 bit (In
tel)] on win32
Type "copyright", "credits" or "license()" for more information.
>>> print("scelgo il numero 7")
scelgo il numero 7
>>> print("scelgo il numero", 4+3)
scelgo il numero 7
```

Cosa è successo?

L'interprete Python non vedendo i due numeri tra le virgolette li interpetra come valori da sommare e quindi ci restituisce la somma.

Sull'istruzione *print* ci sarebbero tante cose da dire ma per adesso va bene così

 Adesso pausa caffè. E non mi dite che è difficile.

Le variabili

Le variabili sono come delle scatole dove noi mettiamo dentro dei dati per poi utilizzarli durante l'esecuzione del programma quando ci servono.

Queste scatole hano un nome e la loro creazione è semplicissima:

>>> pulcinella=12

dove pulcinella è il nome della variabile e 12 è il numero che gli abbiamo assegnato.

Le variabili sono un concetto importante in programmazione e rappresentano delle aree dove noi mettiamo dei dati che possono cambiare. Non ci sono software senza variabili.

Mettiamo il caso che ho un software che descrive le persone, potrei inserire i dati degli occhi, dell'età, del colore della pelle, dell'altezza, all'interno di variabili andando a valutare il tipo di dato che la variabile andrà ad ospitare. Per occhi avremo una stringa, marroni o altro, per la statura avremo un numero espresso in centimetri. Due tipi di dati completamente diversi.

Con questo codice vado a stampare il contenuto della variabile:

20

>>> *pulcinella=12*
>>> *print(pulcinella)*

```
Python 3.6.0 (v3.6.0:41df79263a11, Dec 23 2016, 07:18:10) [MSC v.1900 32 bit (In
tel)] on win32
Type "copyright", "credits" or "license()" for more information.
>>> pulcinella=12
>>> print(pulcinella)
12
```

Quindi per creare una variabile ed assegnare un valore basta scrivere il nome della variabile e dopo il segno di uguale mettere il valore.

L'istruzione *print* con il nome della variabile scritta tra parentesi mi consente di visualizzare il contenuto sullo schermo.

Una variabile non solo serve a contenere i dati ma possiamo usare i suoi dati per farne delle operazioni, tipo:

>>> *pulcinella=100*
>>> *print((pulcinella+pulcinella)-10)*

```
Python 3.6.0 (v3.6.0:41df79263a11, Dec 23 2016, 07:18:10) [MSC v.1900 32 bit (In
tel)] on win32
Type "copyright", "credits" or "license()" for more information.
>>> pulcinella=100
>>> print((pulcinella+pulcinella)-10)
190
>>>
```

La risposta alle due istruzioni sarà 190!

Ci sarebbe da scrivere pagine e pagine per le variabili in Python, ma è sufficiente per adesso e per i nostri scopi sapere che per creare una variabile basta utilizzare l'operatore di assegnamento (=) come nei seguenti esempi:

numero = 10

stringa = "Python"

lista = [1, 2, 3]

 *Python è un linguaggio case-sensitive e distingue tra nomi di variabili composte da caratteri minuscoli e maiuscoli.*

In Python è possibile usare il carattere # per aggiungere commenti al codice. Ogni riga di commento deve essere preceduta da un #, ed è anche possibile aggiungere commenti in seguito ad istruzioni:

```
Python 3.6.0 (v3.6.0:41df79263a11, Dec 23 2016, 07:18:10) [MSC v.1900 32 bit (In
tel)] on win32
Type "copyright", "credits" or "license()" for more information.
>>> # esempio di commento preceduto dal cancelletto
>>> a=10 # il commento segue la creazione della variabile
>>>
```

L'istruzione input

L'istruzione *input* è molto importante perché chiede all'utente di inserire un dato che poi andrà a finire nella variabile:

>>>*colore=input("Dammi il colore dei tuoi occhi?")*
>>>*print(colore)*

Questa istruzione chiede all'utente di digitare il colore degli occhi e la risposta andrà a finire nella variabile *colore*. Con l'istruzione print visualizzeremo tale valore:

```
Python 3.6.0 (v3.6.0:41df79263a11, Dec 23 2016, 07:18:10) [MSC v.1900 32 bit (In
tel)] on win32
Type "copyright", "credits" or "license()" for more information.
>>> colore=input("Dammi il colore degli occhi?")
Dammi il colore degli occhi? marroni
>>> print(colore)
 marroni
>>>|
```

 Facciamo un piccolo passo avanti. È possibile convertire il valore scritto dall'utente in numerico o in altro tipo andando ad utilizzare funzioni come *int* o *float*

23

```
File  Edit  Shell  Debug  Options  Window  Help
Python 3.6.0 (v3.6.0:41df79263a11, Dec 23 2016, 07:18:10) [MSC v.1900 32 bit (In ^
tel)] on win32
Type "copyright", "credits" or "license()" for more information.
>>> raggiocerchio=input("Dammi il raggio del cerchio:")
Dammi il raggio del cerchio: 12.2
>>> r=float(raggiocerchio)
>>> raggiocerchio,r
(' 12.2', 12.2)
>>> print("Area:", 3.14 * r**2)
Area: 467.35759999999993
>>>
```

La funzione *float* viene utilizzata per convertire *raggiocerchio* che è una stringa in un valore numerico con la virgola.

La differenza la possiamo vedere con le stampe delle due variaibili:

raggiocerchio contiene le virgolette e ci fa capire che è una stringa

r contiene il numero decimale corretto

r viene poi usata per calcolare l'area del cerchio (** è l'operatore di elevamento a potenza) e la funzione *print* viene usata per stampare la stringa "*Area*"

Non penso che tutto questo sia difficile! Adesso vediamo come utilizzeremo queste istruzioni per il piccolo software che andremo a realizzare. Mica l'avete già dimenticato? Il nostro obiettivo è il software! **È questa la scuola del saper fare!**

L'istruzione *print* ci servirà per stampare delle informazioni a monitor, chiedere qualcosa all'utente, le *variabili* ci consentiranno di mantenere e di elaborare dei dati, l'istruzione *input* di chiedere all'utente di inserire delle scelte.

In poche parole con queste semplici istruzioni potremo incominciare a raccogliere informazioni del tipo:

che tipo di operazione vuoi fare?

Vuoi aggiungere una parola?

Vuoi listare il contenuto del traduttore ?

E molto altro!

Si potrebbe creare la variabile *par_dainserire* (parola da inserire) e la variabile *par_tradotta* (parola tradotta) ed immagazzinare i dati dell'utente per poi inserirli in un elenco.

```
Python 3.6.0 (v3.6.0:41df79263a11, Dec 23 2016, 07:18:10) [MSC v.1900 32 bit (In
tel)] on win32
Type "copyright", "credits" or "license()" for more information.
>>> par_dainserire=input("inserisci la parola nel traduttore")
inserisci la parola nel traduttore cane
>>> par_tradotta=input("Inserisci la sua traduzione")
Inserisci la sua traduzione Dog
```

L'editor

Fino ad adesso noi abbiamo scritto delle semplici istruzioni che andavamo ad eseguire una alla volta nell'ambiente IDLE (shell) dopo il segno >>>.

Ma un software è un insieme di istruzioni che vanno eseguite tutte insieme ed allora per fare questo dobbiamo aprire, nel menu orizzontale in alto, la voce file e scegliere *New file*

e comparirà una finestra bianca dove le nostre istruzioni non saranno eseguite ogni volta ma verrano eseguite solo quando diremo a Python di eseguire il programma.

Per esempio:

```
                                    *Untitled*              -  □   ×
 File  Edit  Format  Run  Options  Window  Help
 # Provo a scrivere le mie prime istruzioni
 par_dainserire=input("inserisci la parola nel traduttore")
 par_tradotta=input("Inserisci la sua traduzione")
 print(par_dainserire)
 print(par_tradotta)
 |
```

e quando vogliamo mandare in esecuzione il programma
dobbiamo premere il tasto funzione F5 e Python, prima di
eseguirlo, ci chiederà di salvare il programma

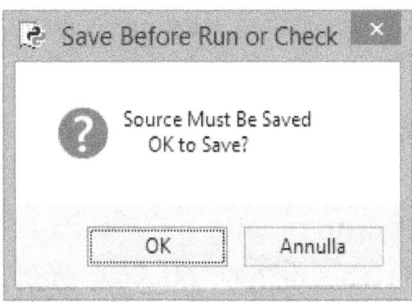

e poi lo eseguirà nella shell

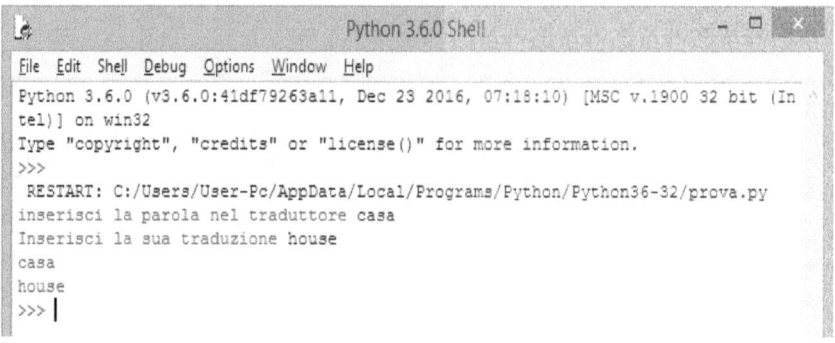

```
Python 3.6.0 Shell                                    – □ ×
File  Edit  Shell  Debug  Options  Window  Help
Python 3.6.0 (v3.6.0:41df79263a11, Dec 23 2016, 07:18:10) [MSC v.1900 32 bit (In
tel)] on win32
Type "copyright", "credits" or "license()" for more information.
>>>
 RESTART: C:/Users/User-Pc/AppData/Local/Programs/Python/Python36-32/prova.py
inserisci la parola nel traduttore casa
Inserisci la sua traduzione house
casa
house
>>> |
```

Quando salvate un programma in Pyyhon al file viene aggiunta *l'estensione .py*

Andando nel menu in alto all'interno della voce *file* troviamo la scritta *Open (CTRL+O)* che ci dà la possibilità di aprire programma Python già esistenti.

Vediamo come è possibile eseguire dei semplici esercizi con Python.

Piccolo passo avanti: con l'istruzione *eval* andiamo a convertire un testo in numero.

28

La utilizzeremo in questo modo:

```
File  Edit  Format  Run  Options  Window  Help
# Piccolo programmino che ci calcola l'area del quadrato
lato=eval(input("Dammi la misura del lato"))
print(lato*lato)
```

oppure

```
File  Edit  Format  Run  Options  Window  Help
# Piccolo programmino che ci calcola l'area di un rettangolo
base=eval(input("Dammi il valore della base"))
altezza=eval(input("Dammi il valore dell'altezza"))
print(base*altezza)
```

L'istruzione if

L'istruzione *if* è un'istruzione di condizione, il programma esegue una o più istruzioni al verificarsi di una data condizione.

Ecco un esempio:

```
File  Edit  Format  Run  Options  Window  Help
# Stampa "Ho conosciuto Pulcinella" solo se l'utente inserisce "s" e poi stampa "Ciao"
raccolgo_scelta=input("Hai conosciuto pulcinella?")
if raccolgo_scelta=="s":
    print("Ho conosciuto Pulcinella")
print("Ciao")
```

if raccolgo_scelta=="s"

se il contenuto della variabile *raccolgo_scelta* è uguale a *s* allora stampa a video "Ho conosciuto Pulcinella" e poi "Ciao"

se il contenuto della variabile *raccolgo_scelta* non è uguale a *s* allora stampa a video solo "Ciao"

con == andiamo a confrontare l'uguaglianza tra due valori

mentre con = assegniamo un valore alla variabile

Altri segni di confronto sono

> maggiore

< minore

== uguale

>= maggiore uguale

<=uguale

!=diverso

Avrete anche notato che dopo *if* c'è il segno dei due punti (
:) che ci vuole sempre dopo tale istruzione.

Un'altra cosa importante è che dopo che abbiamo scritto
l'istruzione *if*, messo i due punti e battuto invio, il cursore è
passato alla riga sotto e si è messo in posizione rientrata
rispetto al margine sinistro. Tecnicamente si dice che è stata
creata **un'istruzione indentata** che viene eseguita solo se
raccolgo_scelta è uguale a *s*.

L'indentazione avviene con il carattere di tabulazione o con
un certo numero (fissato) di spazi.

Ma per adesso non ci complichiamo la vita

Vediamo adesso l'istruzione *else (altrimenti)* combinata con
l'istruzione *if*

```
File Edit Format Run Options Window Help
a = int(input("Scrivi un numero > 10 "))
if a > 10:
    print("Bravo!")
else:
    print("Hai sbagliato!")
print("Ciao")
```

se il numero che tu hai inserito è più grande di 10 ti scrivo "Bravo" altrimenti (*else*:) ti scrivo "Hai sbagliato".

Quindi, l'istruzione *else* seguita da due punti la utilizziamo per controllare se la condizione non si verifica. Notiamo l'istruzione *print("Hai sbagliato!")* indentata.

Prendiamo in considerazione questo esempio:

nome=input("Come ti chiami?")

if nome=="Pulcinella":

print("Ciao mio amico")

print("Che piacere vederti")

else:

>*print("Non so chi sei")*

>*print("Ciao")*

32

print("Ok")

L'istruzione *print("Ok")* non essendo indentata non dipende da *else* e quindi viene sempre scritta a prescindere dal nome inserito.

Condizioni in serie

Elif è l'abbreviazione di "*else if*", che in inglese significa "altrimenti se". È possibile usare tutta una serie di condizioni, se non si verifica una condizione il programma va avanti e vede se è soddisfatta la successiva. Alla fine è possibile utilizzare un'istruzione *else* che rappresenta l'azione da eseguire quando nessuna delle condizioni precedenti è stata soddisfatta

if scelta == 'A':

    FunzioneA()

elif scelta == 'B':

    FunzioneB()

elif scelta == 'C':

```
        FunzioneC()
else:

    print "Scelta non valida"
```

Un semplice programmino

Ecco un semplice programmino che ci consente di scegliere se vogliamo calcolare l'area o il perimetro di un quadrato o di un rettangolo.

```
File  Edit  Format  Run  Options  Window  Help
print("Lezione di Geometria")
print("********************")
nome_allievo=input("Digita il tuo nome?")
figura_geometrica=input("Quale figura ti interessa?")
if figura_geometrica=="quadrato":
    scelta_calcolo_quadrato=input("Vuoi calcolare l'area o il perimetro?")
    if scelta_calcolo_quadrato=="perimetro":
        mis_lato=eval(input("Misura del lato?"))
        print("Il perimetro del quadrato è", mis_lato*4)
    if scelta_calcolo_quadrato=="area":
        mis_lato=eval(input("Misura del lato?"))
        print("Il perimetro del quadrato è", mis_lato*mis_lato)
if figura_geometrica=="rettangolo":
    scelta_calcolo_rettangolo=input("Vuoi calcolare l'area o il perimetro?")
    if scelta_calcolo_rettangolo=="perimetro":
        base=eval(input("Misura della base?"))
        altezza=eval(input("Misura dell'altezza?"))
        print("Il perimetro del rettangolo è", (base*2)+(altezza*2))
    if scelta_calcolo_rettangolo=="area":
        base=eval(input("Misura della base?"))
        altezza=eval(input("Misura dell'altezza?"))
        print("L'area del rettangolo è", (base*altezza))
```

Notiamo le strutture indentate e le varie richieste di inserire un valore. Le istruzioni if ci consentono di valutare le scelte

L'istruzione while

L'istruzione *while* può essere tradotta in italiano con *esegui fino a che*.

Esempio:

b = 0
while b < 10:
        b = b+ 1
        print b

Quindi il risultato dell'esecuzione sarà:

1

2

3

4

5

6

7

8

9

10

Cosa fa il programma?

Prima di tutto vede la linea $b = 0$ e assegna il valore zero alla variabile numerica b. Dopodiché vede il comando *while b < 10*: che ordina a Python di controllare se la variabile b è minore di 10, in questo caso b corrisponde al valore zero quindi è minore di 10, per questo motivo Python eseguirà tutte le istruzioni rientrate sotto la struttura *while*. In poche parole finché la variabile numerica b è minore di dieci Python esegue tutte le istruzioni tabulate sotto while.

Facciamo qualche altro esempio:

```
password=""
tentativo=0
ok="sì"
while password !="12345":
   if tentativo==3:
      print("Accesso negato!Fine tentativi")
      ok="no"
      break
   password=input("Digita la password")
   tentativo=tentativo+1
```

```
if ok=="sì":
  print("Ok! Password giusta!")
```

Spiego io ovviamente!

con *password=""* azzeriamo la nostra variabile, facciamo in modo che non contenga nulla.

Impostiamo i nostri tentativi uguali a 0 ed inizialmente la nostra variabile di controllo finale è *ok="sì"*. Il nostro programma scriverà *"Ok! Password giusta!"* solo quando l'utente digiterà la password *"12345"*. In caso di password sbagliata, il contatore tentativo si incrementerà di più uno e ripartirà la richiesta della password fino al terzo tentativo quando l'istruzione *break* farà terminare il programma. Al terzo tentativo sbagliato il programma scrivendo *ok="no"* impedisce alla scritta *"Ok! Password giusta!"* di essere visualizzata sullo schermo.

L'istruzione for

Altra istruzione ciclica, che ci permette di far eseguire delle altre istruzioni per un certo numero di volte, è l'istruzione *for*

Esempio:

for x in range(20):
    print("Ok")

ovviamente Python scrive sullo schermo la parola "Ok" 20 volte.

L'istruzione *for* è insieme alla parola *in,* quindi *for* ed *in* stanno sempre insieme.
L'istruzione range(20) è un'altra istruzione e serve a creare una numerazione da 1 a 20.

Quindi, il programmino di sopra si potrebbe tradurre:

per un intervallo da 1 a 20 esegui un ciclo dentro x, dove x è il nome di una variabile, ma al posto della x avrei potuto scrivere qualsiasi cosa.

Se scrivessi *range(1,12)* Ptyhon crea un intervallo che parte da 1 e si ferma ad 11.

Una scrittura del genere *range(1,12,3)* significa che Python considera un intervallo da 1 a 11 contando di 3 in 3, cioè:

1
4
7
10

Con il codice

```
for x in ["cinque", "sei", "sette"]
        print(x)
```

Python scrive le parole che si trovano all'interno delle parentesi quadre.

Gli operatori

Gli operatori logici in porgrammazione sono *and* e *or* che in italiano possiamo tradurre con **e** ed **oppure**.

Facciamo un esempio con *or*

```
File  Edit  Format  Run  Options  Window  Help
numero=eval(input("digita un numero tra 1 e 8"))
if (numero==1) or (numero==3) or (numero==5) or (numero==7):
    print("hai scritto un numero dispari")
else:
    print("Ha scritto un numero pari")
```

quindi, se l'utente digita 1, 3, 5 o 7 il programmino stampa "hai scritto un numero dispari". Utilizzando l'operatore logico *or* è possibile controllare i vari inserimenti.

Facciamo un esempio con *and*

```
File  Edit  Format  Run  Options  Window  Help
## Questo programma chiede ad un utente un nome ed una password,
#   poi controlla per accertarsi che gli sia consentito l'accesso.

name = input("Qual'è il tuo nome? ")
password = input("Digita la password? ")
if name == "Pulcinella" and password == "Italia":
    print ("Pulcinella Italia")
elif name == "Pulcinella" and password == "Napoli":
    print ("Pucinella Napoli")
else:
    print ("Non ti conosco!")
```

l'istruzione *and* controlla che l'utente digiti sia il nome utente che la password giusta, le due condizioni devono essere rispettate entrambi affinchè Python riconosca l'accesso.

Le liste

Una lista è una serie ordinata di **valori**, ognuno identificato da un **indice**. I valori che fanno parte della lista sono chiamati elementi.

Ci sono parecchi modi di creare una lista nuova, e quello più semplice è racchiudere i suoi elementi tra parentesi quadrate ([e]):

[15, 25, 30, 40]

["Pippo", "Pluto", "Paperino"]

Esempio liste:

>>> *Vocabolario = ["amico", "casa", "telefono"]*

>>> *Numeri = [17, 123]*

>>> *ListaVuota = []*

>>> *print Vocabolario, Numeri, ListaVuota*

['amico', 'casa', 'telefono'] [17, 123] []

Facciamo la lista della spesa e la assegniamo ad una variabile:

cose_da_comprare=["acqua", "pasta", "uova", "frutta"]

poi con l'istruzione *for...in* stamperemo tutti gli elementi della lista:

cose_da_comprare=["acqua", "pasta", "uova", "frutta"]

for x in cose_da_comprare:

    print(x)

il risultato sarà:

\>>>
acqua
pasta
uova
frutta

se vogliamo che Python scriva sono l'elemento "uova" dobbiamo scrivere:

cose_da_comprare=["acqua", "pasta", "uova", "frutta"]

print(cose_da_comprare[2])

cioè, ogni valore della lista è rappresentato da un indice:

44

acqua ha indice 0

pasta ha indice 1

uova ha indice 2

frutta ha indice 3

cose_da_comprare=["acqua", "pasta", "uova", "frutta"]

print(cose_da_comprare[:2])

mettendo i due punti davanti all'indice 2 Python stampa gli elementi della lista, partendo dall'inizio fino al secondo elemento.

cose_da_comprare=["acqua", "pasta", "uova", "frutta"]

print(cose_da_comprare[2:])

con i due punti dopo ci stampa dal terzo elemento fino alla fine.

Per sapere la lunghezza della lista è possibile utilizzare l'istruzione *len*

cose_da_comprare=["acqua", "pasta", "uova", "frutta"]

print(len(cose_da_comprare))

la risposta sarebbe 4.

Se vogliamo cancellare un elemento dalla lista l'istruzione è *del*

cose_da_comprare=["acqua", "pasta", "uova", "frutta"]

del(cose_da_comprare[2])

cancella l'elemento "uova"

Se vogliamo modificare un elemento della lista,

dobbiamo specificare la posizione dell'elemento da modificare ed assegnargli la nuova stringa o numero.

Esempio:

cose_da_comprare=["acqua", "pasta", "uova", "frutta"]

cose_da_comprare[2]="vino"

print(cose_da_comprare)

Se vogliamo aggiungere un elemento alla lista, possiamo usare la funzione *append*

cose_da_comprare=["acqua", "pasta", "uova", "frutta"]

cose_da_comprare.append("carta")

print(cose_da_comprare)

Python aggiunge a fine lista l'elemento "carta".

Il nome della lista va scritto all'inizio dell'istruzione separata da un punto, cioè

cose_da_comprare.append

Per aggiungere un elemento in una determinata posizione della lista si può fare in questo modo:

cose_da_comprare=["acqua", "pasta", "uova", "frutta"]

cose_da_comprare[1:0]=["vino"]

in questo modo diciamo a Python di aggiungere la stringa "vino" alla posizione 1. Il numero 0 serve a dire che va inserito solo "vino", senza fare altro.

 Se avessimo scritto

cose_da_comprare=["acqua", "pasta", "uova", "frutta"]

cose_da_comprare[1:4]=["vino"]

Python avrebbe inserito "vino" in prima posizione ed eliminato tutti gli elementi fino al quarto.

47

Il dizionario

I dizionari (**dict**) sono un'altra forma di gestione dei dati che contiene elementi (**items**) formati da una chiave (**key**) e un valore (**value**). Una volta che il dizionario è creato e valorizzato con un insieme di coppie **<chiave, valore>,** si può usare la chiave (che deve essere univoca) per ottenere il valore corrispondente.

I dizionari vengono definiti elencando tra parentesi graffe ({}) una serie di elementi separati da virgole (,), dove ogni elemento è formato da una chiave e un valore separati dai due punti (:). **È possibile creare un dizionario vuoto usando le parentesi graffe senza nessun elemento all'interno.**

>>> *d* = *{ "c": 1, "d": 2, "e": 3}   # nuovo dizionario di 3 elementi*

dove il dizionario *d* contiene 3 elementi, l'elemento *c, d* ed *e* che sono le chiavi ed i loro rispettivi valori.

Se noi abbiamo il dizionario seguente

rubrica = { "Antonio": 24235, "Marco": 42342, "Giacomo": 53455}

e vogliamo sapere il numero associato a Giacomo, dobbiamo scrivere *print(rubrica["Giacomo"])*

ed avrò come risultato

53455

Modifichiamo leggermente il codice e diamo all'utente la possibilità di scegliere il nome

Scegli_un_nome=input("Digita un nome?")

rubrica = {"Antonio": 24235, "Marco": 42342, "Giacomo": 53455}

print("Il numero associato a ", Scegli_un_nome, "è ", rubrica[Scegli_un_nome])

Quando vogliamo cancellare un valore usiamo *del*

rubrica = {"Antonio": 24235, "Marco": 42342, "Giacomo": 53155}

del rubrica["Antonio"]

Quando vogliamo aggiungere un valore

rubrica = {"Antonio": 24235, "Marco": 42342, "Giacomo": 53455}

rubrica["Filippo"]=75686

Se vogliamo visualizzare tutte le "chiavi" di un dizionario possiamo utilizzare la funzione *keys* e scrivere:

rubrica = {"Antonio": 24235, "Marco": 42342, "Giacomo": 53455}

print(rubrica.keys())

e in esecuzione:

```
Python 3.6.0 Shell
File  Edit  Shell  Debug  Options  Window  Help
Python 3.6.0 (v3.6.0:41df79263a11, Dec 23 2016, 07:18:10) [MSC v.1900 32 bit (Intel)] on win32
Type "copyright", "credits" or "license()" for more information.
>>>
 RESTART: C:/Users/User-Pc/AppData/Local/Programs/Python/Python36-32/dizionario.py
dict_keys(['Antonio', 'Marco', 'Giacomo'])
```

Possiamo anche usare l'istruzione *for...in*

rubrica = {"Antonio": 24235, "Marco": 42342, "Giacomo": 53455}

for x in rubrica.keys():

50

print(x)

```
Python 3.6.0 Shell                                          –  □  ×
File  Edit  Shell  Debug  Options  Window  Help
Python 3.6.0 (v3.6.0:41df79263a11, Dec 23 2016, 07:18:10) [MSC v.1900 32 bit (Intel)] on win32
Type "copyright", "credits" or "license()" for more information.
>>>
 RESTART: C:/Users/User-Pc/AppData/Local/Programs/Python/Python36-32/dizionario.py
dict_keys(['Antonio', 'Marco', 'Giacomo'])
>>>
>>>
>>>
 RESTART: C:/Users/User-Pc/AppData/Local/Programs/Python/Python36-32/dizionario.py
Antonio
Marco
Giacomo
>>>
```

Possiamo conoscere anche solo i valori di un dizionario, basta usare l'istruzione *values*:

rubrica = {"Antonio": 24235, "Marco": 42342, "Giacomo": 53455}

print(rubrica.values())

E' possibile ordinare alfabeticamente i dizionari:

rubrica = {"Antonio": 24235, "Marco": 42342, "Giacomo": 53455}

x=list(rubrica)

51

```
x.sort()

print(x)

for y in x:

    print(y, rubrica[y])
```

```
 RESTART: C:/Users/User-Pc/AppData/Local/Programs/Python/Python36-32/dizionario.py
['Antonio', 'Giacomo', 'Marco']
Antonio 24235
Giacomo 53455
Marco 42342
>>>
```

Nella seconda riga grazie all'istruzione *list* convertiamo il dizionario in una lista e lo inseriamo nella variabile *x*. L'istruzione *sort* la utilizziamo per mettere in ordine alfabetico le chiavi. Poi con il ciclo *for y in x* gli diciamo di stampare tutte le chiavi presenti nella lista andando a recuperare il corrispettivo valore.

Possiamo anche utilizzare l'istruzione get() per prelevare un valore dal dizionario.

rubrica = {"Antonio": 24235, "Marco": 42342, "Giacomo": 53455}

print(rubrica.get("Antonio"))

La risposta sarebbe 24235, il valore di Antonio.

Quando svilupperemo il nostro piccolo software traduttore bisogna però salvare i dati in un database per non riscriverli tutte le volte.

Ci sono diversi metodi per salvare il dizionario in un file database. Per preservare la struttura dei dati si può utilizzare un pickle file (.pkl)

Ecco il codice per salvare il nostro dizionario:

```
import pickle

rubrica = {"Antonio": 24235, "Marco": 42342, "Giacomo": 53455}

f = open("file.pkl","wb")

pickle.dump(rubrica,f)

f.close()
```

Con *import pickle* gli facciamo capire che utilizziamo tale metodo, con *open* gli diciamo il nome del file che deve creare ed in cui salveremo i dati e con *pickle.dump* li salviamo.

Ecco il codice per leggere il nostro dizionario

```
import pickle
pkl_file = open('file.pkl', 'rb')
rubrica = pickle.load(pkl_file)
print(rubrica)
```

Le funzioni

Le funzioni facilitano la programmazione e rendono il programma più ordinato e fluido.

L'istruzione per creare una funzione è *def.*

Io posso definire una funzione in questo modo:

def nome():

> *print("Mi chiamo Pulcinella")*

e tutte le volte che la voglio richiamare all'interno del mio programma non devo far altro che scrivere il nome della funzione, per esempio

nome()

Le funzioni possono avere anche un argomento!

def quadrato(lato):

> *print("Il perimetro è", lato *4)*

quadrato(5)

quadrato(7)

quadrato(10)

Grazie all'uso di funzioni possiamo far eseguire più calcoli di perimetro:

abbiamo definito la funzione quadrato con l'argomento lato. La funzione si aspetta un dato che verrà inserito nella variabile lato. Con la funzione print inserita nella funzione stampiamo i tre diversi perimetri.

Il nostro programma finale: il traduttore

Siamo arrivati alla scrittura del nostro piccolo traduttore, software che ci consentirà, in modo molto semplice, di inserire delle semplici parole con la relativa traduzione e di cercare la parola che vogliamo.

Questo è un piccolo esempio di programmazione pura attraverso uno dei più potenti ed utilizzati linguaggi di programmazione al mondo: il Python.

Attraverso un linguaggio abbastanza semplice, dalla sintassi non troppo macchinosa, è possibile sviluppare software in qualsiasi ambito.

Un piccolo percorso che ha avuto come obiettivo quello di stimolare la capacità degli allievi a risolvere problemi, a capire come funziona la programmazione pura senza troppi pacchetti gia confezionati, a sviluppare piccole procedure e a risolvere gli errori con capacità logica e propositiva.

Inoltre avete conosciuto un po' di Python. E non è poco.

Il programmino che trovate rappresenta la fine di questo percorso didattico, è ampiamente migliorabile sotto tutti i punti di vista. Ho solo cercato in modo molto semplice, senza tecnicismi e procedure complesse, di far capire come la scrittura di un codice può aiutarvi nella vita.

 Questo spetta a voi. Miei cari allievi!

```
#Piccolo traduttore di parole dall'italiano all'inglese
print("****************Traduco 1.0****************")
import os # importo il modulo per verificare l'esistenza del database
iniziale
import pickle # importo il modulo per il salvataggio dei dati pickle
if os.path.isfile('diz_dati.pkl'): #verifico l'esistenza del file
    print("Ho trovato il database...lo carico")
else:
    parole = {} # se non esiste il file creo un dizionario vuoto
    output = open('diz_dati.pkl', 'wb') # creo il file "diz_dati.pkl"
    pickle.dump(parole, output) # salvo il dizionario
    output.close() # chiudo il file
    print("Ho creato il database...lo carico")
def salvataggio(): # definisco la funzione salvataggio per il traduttore
    output = open('diz_dati.pkl', 'wb') # apro il file diz_dati.pkl
```

```python
    pickle.dump(parole, output) # salvo i dati

    output.close() # chiudo il file

    print("Stampo il database aggiornato!")

    print (parole)
pkl_file = open('diz_dati.pkl', 'rb') # apro il file

parole = pickle.load(pkl_file) # carico i dati nella variabile parole

pkl_file.close() # chiudo il file

print("************Menu************")

scelta=input("Scegli cosa vuoi fare? 1-Aggiungi 2-Cancella 3-Cerca
4-stampa 5-Esci ")

if scelta=="1":

    print("Hai scelto la modalità aggiungi parola")

    par_mod=input("dammi la parola da aggiungere ")# chiedi
all'utente una parola da aggiungere

    ind_mod=input("dammi la traduzione da aggiungere ")# chiede
all'utente la sua traduzione

    parole[par_mod]=ind_mod # aggiunge la parola e la sua
traduzione

    salvataggio() # chiama la funzione salvataggio per salvare i dati
```

```python
elif scelta=="2":
    print("Hai scelto la modalità cancella parola")
    canc_mod=input("Dammi la parola da cancellare ") # chiede la
parola da cancellare
    del parole[canc_mod] # cancella la parola dal traduttore
    salvataggio() # chiama la funzione salvataggio per salvare i dati
elif scelta=="3":
    print("Hai scelto la modalità cerca parola")
    nome=input("Digita la parola da tradurre ") # chiede la parola
da cercare
    print ("la parola ",nome,"in inglese diventa ",parole[nome]) #
stampa la parola cercata e la sua traduzione
elif scelta=="4":
    print("Hai scelto la modalità stampa a video del database")
    print (parole) # stampa tutto il database
else:
    print("Non hai fatto nessuna scelta")
```

```
esercizio traduttore.py - C:\Users\User-Pc\Downloads\corso python\esercizio tra...    -  □  ×
File  Edit  Format  Run  Options  Window  Help
#Piccolo traduttore di parole dall'italiano all'inglese
print("*****************Traduco 1.5*****************")
import os # importo il modulo per verificare l'esistenza del database iniziale
import pickle # importo il modulo per il salvataggio dei dati pickle
if os.path.isfile('diz_dati.pkl'): #verifico l'esistenza del file
    print("Ho trovato il database...lo carico")
else:
    parole = {} # se non esiste il file creo un dizionario vuoto
    output = open('diz_dati.pkl', 'wb') # creo il file "diz_dati.pkl"
    pickle.dump(parole, output) # salvo il dizionario
    output.close() # chiudo il file
    print("Ho creato il database...lo carico")
def salvataggio(): # definisco la funzione salvataggio per il traduttore
    output = open('diz_dati.pkl', 'wb') # apro il file diz_dati.pkl
    pickle.dump(parole, output) # salvo i dati
    output.close() # chiudo il file
    print("Stampo il database aggiornato!")
    print (parole)
pkl_file = open('diz_dati.pkl', 'rb') # apro il file
parole = pickle.load(pkl_file) # carico i dati nella variabile parole
pkl_file.close() # chiudo il file
print("*************Menu*************")
scelta=input("Scegli cosa vuoi fare? 1-Aggiungi 2-Cancella 3-Cerca 4-stampa 5-Es
if scelta=="1":
    print("Hai scelto la modalità aggiungi parola")
    par_mod=input("dammi la parola da aggiungere ")# chiedi all'utente una parol
    ind_mod=input("dammi la traduzione da aggiungere ")# chiede all'utente la su
    parole[par_mod]=ind_mod # aggiunge la parola e la sua traduzione
    salvataggio() # chiama la funzione salvataggio per salvare i dati
elif scelta=="2":
    print("Hai scelto la modalità cancella parola")
    canc_mod=input("Dammi la parola da cancellare ") # chiede la parola da cance
    del parole[canc_mod] # cancella la parola dal traduttore
    salvataggio() # chiama la funzione salvataggio per salvare i dati
elif scelta=="3":
    print("Hai scelto la modalità cerca parola")
    nome=input("Digita la parola da tradurre ") # chiede la parola da cercare
    print ("la parola ",nome,"in inglese diventa ",parole[nome]) # stampa la par
elif scelta=="4":
    print("Hai scelto la modalità stampa a video del database")
    print (parole) # stampa tutto il database
else:
    print("Non hai fatto nessuna scelta")
                                                                        Ln: 1  Col: 0
```

61

```
 ▨                        *Python 3.6.0 Shell*               _ ▢  ✕
File  Edit  Shell  Debug  Options  Window  Help
Python 3.6.0 (v3.6.0:41df79263a11, Dec 23 2016, 07:18:10) [MSC v.1900 32 bit (In
tel)] on win32
Type "copyright", "credits" or "license()" for more information.
>>>
== RESTART: C:\Users\User-Pc\Downloads\corso python\esercizio traduttore.py ==
****************Traduco 1.0*****************
Ho trovato il database...lo carico
*************Menu*************
Scegli cosa vuoi fare? 1-Aggiungi 2-Cancella 3-Cerca 4-stampa 5-Esci |
```

Grazie per la lettura

E adesso programmatevi una vita felice!!!